VENGEANCE!

Guerre à mort à l'infâme Maison d'Autriche!

LE 9 Floréal de l'an VII, à 9 heures du soir, le Gouvernement Autrichien a fait assassiner par ses troupes, les Ministres de la République Française, *Bonnier*, *Roberjot* et *Jean Debry*, chargés par le Directoire exécutif de négocier la paix au Congrès de Rastadt.

VENGEANCE!

Guerre à mort au Gouvernement Anglais!

CRI DE VENGEANCE

CONTRE L'AUTRICHE,

A l'occasion de l'assassinat des Plénipotentiaires Français, à Rastadt.

Air : de l'Hymne des Marseillais.

Revêtus d'un pouvoir auguste
Qui devait les rendre sacrés,
Les envoyés d'un peuple juste
Par l'Autriche sont massacrés ; *(bis.)*
Ils offrent encor la clémence !....
La paix est l'objet de leurs vœux !....
Aux cannibales furieux,
leur sang était payé d'avance.
Aux armes, citoyens, vengez le nom Français ;
Marchez, *(bis.)* le glaive seul doit nous donner la paix.

Autrefois, au nom seul d'Alcide,
On voyait fuir les scélérats,
Par-tout la vertu moins timide
Devait le repos à son bras. *(bis.)*
Peuple Français à ta justice
De nouveaux monstres sont offerts ;
Sois l'Hercule de l'Univers ;
Charge-toi, seul, de leur supplice :
Aux armes, etc.

Aux Conscrits.

Nouveaux amans de la victoire,
Honorés du nom de SOLDATS,
D'autres héros eurent la gloire
De vous précéder aux combats ; (*bis.*)
Mais la France a droit de prétendre,
Aujourd'hui qu'on vient l'outrager,
Que vous ferez pour la venger,
Ce qu'ils firent pour la défendre.
Aux armes, etc.

Desir brûlant de la vengeance,
Embrâse-nous de tes fureurs.
Si le prix de notre indulgence,
Fut la plus noire des horreurs : (*bis.*)
Qu'une rage trop légitime
Double nos belliqueux efforts,
Chaque Français en ses transports
Doit immoler une victime.
Aux armes, citoyens, vengez le nom Français,
Marchez, (*bis.*) le glaive seul doit nous donner la paix.

Par H. A. ADVENIER-FONTENILLE,
Capitaine du Génie, à Valenciennes.

PROGRAMME

DE LA FÊTE FUNÉRAIRE

Qui, en exécution de la loi du 22 Floréal dernier, aura lieu à Douai, chef-lieu du Département du Nord, le 20 Prairial an VII, en mémoire des Ministres Plénipotentiaires BONNIER *et* ROBERJOT, *assassinés à Rastadt, le 9 dudit mois.*

L'APPAREIL funèbre de cette triste solennité sera annoncé la veille à sept heures du soir par la cloche du beffroi de la commune, et le jour à sept heures du matin par un tintement.

L'extérieur du Temple national, à l'entrée principale, sera couvert d'un drap noir sur la largeur du portail, et chargé d'une guirlande de cyprès et de pavots.

Dans l'intérieur du Temple ainsi que dans la nef, régnera sur tout le pourtour, un cordon de drap noir. Aux chapiteaux des colonnes de la nef seront attachés des nœuds de crêpe noir ; ils soutiendront différentes inscriptions.

Dans le fond de ladite nef servant de champ de douleur, sera élevé un monument funèbre sur une base composée de six degrés ; ces degrés portés par un socle de marbre noir.

Sur les côtés de cette estrade seront deux dès peints de marbre serpentin antique, dont les faces seront décorées de patères de bronze et porteront de grands candelabres ardens.

La forme de ces candelabres sera imitée des plus beaux monumens antiques de ce genre.

Le cénotaphe sera élevé sur cette base ; il sera composé d'un très-grand stylobate, au sommet duquel, deux degrés imitant le porphyre, porteront un sarcophage, peint de même, sur lequel reposera la tombe funéraire, qui sera supposée contenir les corps des deux Ministres Bonnier et Roberjot. *La Prudence* et *la Justice*, représentées par deux figures, pleureront autour de ce tombeau, et sembleront rendre à regret les derniers devoirs à ces deux victimes de la barbarie Autrichienne, en couvrant leurs corps des voiles funéraires.

Les attributs qui composent le costume des Ministres plénipotentiaires seront portés sur un aétique. Le chapeau surmonté du panache aux couleurs nationales et l'épée, seront représentés au bas de l'aétique, reposans sur un carreau de velour noir, garni de franges et recouverts d'un crêpe noir, symbole du deuil et de l'affliction.

Sur le tombeau sera peint un groupe représentant la mort armée d'un poignard assassin, (et non de sa faulx ni de l'horloge de sable, ses attributs ordinaires,) qui enlève les médaillons de Bonnier et de Roberjot à la terre épouvantée. Au-dessous, on lira ces mots :

DROIT DES NATIONS VIOLÉ.

Plus bas, sur les deux degrés qui couronneront le stylobate, seront peintes des guirlandes de cyprès et de pavots, caractérisant le sommeil.

Sur le socle du piédestal sera peint un bas-relief représentant les trois Ministres plénipotentiaires, présentant l'olive de la paix aux peuples de la Germanie; derrière eux seront des monstres Autrichiens, n'ayant que la figure de l'homme, grinçant les dents et levant un poignard sur leurs têtes.

Sur les côtés du piédestal seront deux groupes.

D'un côté : une figure représentera l'Europe

épouvantée et dans l'attitude de l'affliction, et une autre debout devant elle lui montrant du doigt le groupe opposé, et lui annonçant que le droit des Nations violé, sera vengé par la République française.

De l'autre côté : une figure représentant la République distribuant des armes à la jeunesse Française, désignée par un jeune guerrier.

La base qui portera ces groupes sera représentée recouverte de draperies funèbres.

Au bas sera déposée l'urne portée dans le cortège.

Sur les côtés, seront placés deux trépieds de forme antique, sur lesquels brûleront des parfums.

A trois heures précises, le cortège sortira de l'Hôtel du Département pour se rendre au Temple national par les rues *du Commerce*, *des Foulons*, *de la Comédie*, *au Cerf*, *de la Révolution*, *de Jean-Jacques Rousseau*, *des Conninks*, *des Malvaux*, *des Metz*, *de Mirabeau et du Clocher du Temple*, dans l'ordre suivant :

Un détachement de Gendarmes.

Tambours militaires voilés et exécutant des roulemens à longs intervales.

Musique militaire exécutant des marches lugubres.

Détachement de la Garde nationale sédentaire.

Une compagnie de Canonniers avec deux petites pièces de campagne.

Détachemens des différentes armes de la garnison.

Les Troupes marcheront les armes renversées.

Les Instituteurs et Institutrices avec leurs Élèves, marchant de deux en deux.

Orphelins et Orphelines.

Les Membres du bureau de l'Hospice civil et de bienfaisance.

La Société d'Agriculture.

Le Jury d'Instruction.

Les Notaires et Receveurs publics.

Les Employés de la régie des domaines, du timbre, etc.

Les Employés militaires.

Les Employés des Administrations civiles.

L'État-major.

Les Juges de paix et Assesseurs.

Les Juges des tribunaux civil et criminel.

Tambours voilés.

Institut de musique.

L'urne funéraire, qui sera censée contenir les cendres des deux Ministres, entourée de citoyennes vêtues de blanc et voilées.

La draperie et les crêpes de l'urne funéraire seront portées par les Commissaires du Directoire exécutif près les différentes Administrations.

L'Administration municipale de canton.

L'Administration municipale de Douai.

L'Administration centrale du Département.

Tous les Membres composant le Cortège auront un crêpe au bras.

La Garde nationale, les Détachemens de la Garnison et les Vétérans soldés, formeront la haie et marcheront par file de droite et de gauche.

Les Vétérans de la Garde nationale sédentaire borderont la haie de droite et de gauche au pourtour des deux dernières Administrations, suivant leur usage, et marcheront de file comme les autres, mais ils cerneront et clorront le Cortège.

Ils seront suivis d'un Détachement de Chasseurs.

Le Cortège étant arrivé au Temple national, les Membres qui le composeront, prendront les places qui leur seront désignées.

Les Détachemens de la Garde nationale et de la Garnison resteront sous les armes pendant tout le temps de la cérémonie.

L'Orgue exécutera un air lugubre à l'arrivée ainsi que pendant la sortie du Cortège.

Les Citoyennes qui auront entouré l'urne funéraire s'asseyeront par groupes sur les marches du gradin au bas duquel sera déposé l'urne. Elles auront soin pendant la cérémonie d'entretenir le feu des réchauds et d'y jeter de l'encens.

Les quatre Commissaires du Directoire exécutif qui auront porté le pal se placeront sur les côtés.

Aussitôt que chacun aura pris place, il sera fait un moment de silence.

Les Tambours feront un roulement lent.

L'Institut de musique exécutera un air lugubre.

Ensuite le Commissaire du Directoire exécutif près l'Administration centrale du Département, montera à la tribune, où, après un roulement des Tambours pour demander silence, il fera un discours analogue à la cérémonie.

> Les Citoyens sont invités à garder pendant la cérémonie un respectueux silence et à avoir la tête découverte.
> Il sera fait des patrouilles dans tout le Temple, accompagnées d'un Commissaire de police pour faire sortir ceux qui feraient du bruit ou qui troubleraient l'ordre.

Le Commissaire du Directoire ayant achevé son discours et repris sa place, un nouveau roulement de tambours aura lieu.

L'Institut de Musique exécutera un chœur analogue à la circonstance.

Ensuite un roulement des Tambours ayant encore eu lieu et l'assemblée se tenant dans le plus profond silence :

Les Présidens des différentes Administrations et les Chefs des différens Corps militaires ainsi que les Commissaires du Directoire exécutif, s'avanceront vers l'urne funéraire et par l'organe du Président de l'Administration centrale du Département, au nom de tous, voueront à l'exécration publique et de la postérité, les mains impies qui ont assassiné ou commandé l'horrible assassinat des Ministres plénipotentiaires, et appelleront sur ces infames assassins toute la vengeance nationale, etc., etc.

Un roulement de Tambours invitera au silence.

Il sera fait lecture des noms des conscrits du Canton partis pour l'armée, ainsi que de ceux des volontaires, et le tableau en sera affiché sur le devant de la tribune.

Après quoi l'Institut de Musique fera entendre les couplets : *Allons enfans de la Patrie*, etc. avec quelques changemens.

Chacun ayant repris sa place :

Un rappel général de tambours annoncera le départ du cortège.

Les troupes défileront sur les côtés de la nef et y entreront par les portes latérales en grande parade. Les Généraux et Officiers salueront de l'épée en passant devant le monument.

Les Membres des différentes Administrations et autres qui composeront le cortège, iront, en se suivant tour-à-tour, déposer leurs branches de cyprès au-devant du monument.

La pompe funèbre terminée : le cortège sortira dans le même ordre et retournera à l'Hôtel du Département.

Vu et approuvé par l'Administration centrale du Département du Nord, à Douai, le 2 prairial an VII de la République française une et indivisible. Signé *TRESCA-BAUDELET*, Président ; *M. BLANPAIN*, *LANDA*, *CELLIER*, Administrateurs ; *J. B. M. FRANÇOIS*, Commissaire du Directoire exécutif ; et *GAUTIER*, secrétaire général.

ODE A LA VENGEANCE.

Les paroles et la musique sont d'un amateur.

Un Directeur.

Sous les drapeaux de la vengeance,
Français, venez tous vous ranger ;
Contre un tyran qui vous offense,
En ce jour il faut vous armer.

Chœur des Guerriers.

Sous les drapeaux de la vengeance,
Amis, allons tous nous ranger ;
Contre un tyran qui nous offense,
En ce jour il faut nous armer.

Un Conscrit.

Exterminons les homicides,
Qu'un bras perfide a dirigé,
Et qu'à la voix des Euménides
Le globe enfin en soit purgé :
Le droit des gens nous le commande,
Notre honneur même le prescrit,
La terre entière le demande,
L'Europe en attend le récit.

Invocation par deux Guerriers.

Dormez en paix, ombres chéries,
Dormez en paix dans vos tombeaux;
Bientôt dans les mains des furies,
Nous aurons livré vos bourreaux :
Nous le jurons par notre gloire,
Sur l'autel de la Liberté;
Puisse le temple de mémoire
L'apprendre à la postérité.

Chœurs des Guerriers.

Sous les drapeaux, etc.

CHŒUR.

Les paroles sont du citoyen Louis-Joseph Dumarquet, cultivateur à Équerchin.

Braves Français, la voix de Mars
Vous rappelle aux étendards.
Partez : aux cris de la vengeance,
Allez exterminer de féroces soldats;
Allez venger l'Univers et la France
De leurs assassinats.

Braves Français, la voix de Mars
Vous rappelle aux étendards.
Sous le fer de ces homicides
Voyez-vous succomber vos ministres de paix?
Courez, volez, immolez ces perfides
Tout couverts de vos traits.

Braves Français, etc.

Frappez, pour dernière victime,
Le tigre couronné qui commanda leurs coups ;
Que votre main ferme sur lui l'abyme
Qu'il a creusé pour vous !

Braves Français, etc.

Mais avant que le monstre expire,
Qu'à ses yeux consternés ses complices tremblans
Couvrent le sol de son funeste empire
De leurs membres sanglans !

Braves Français, etc.

Que votre bras réduise en poudre
Ses villes, ses palais et son sceptre brisé !
Lancez, héros, les feux de votre foudre
Sur son trône écrasé !

Braves français, etc.

Mais il voit déjà vos cohortes
Qui, la flamme à la main cernent ses boulevarts,
A leur aspect il voit tomber ses portes
Et ses frêles remparts.

Braves français, etc.

Où fuir ? il n'est plus de repaire
Qui dérobe sa tête au glaive destructeur !
Non, non, tiran, rien ne peut te soustraire
Au supplice vengeur !

Braves Français, etc.

Tu meurs enfin ! mais l'infamie
Enchaînée à ton nom vivra dans tous les temps,
Et transmettra ta mémoire flétrie
A tous nos descendans

Braves Français, etc.
Mais vous innocentes victimes !
Bonnier et *Roberjot* immolés par ses traits,
Vos noms fameux illustrés par ses crimes,
Ne périront jamais !

Braves Français, etc.
O toi ! compagnon de leur gloire,
O toi ! qui partageas leurs terribles dangers,
Nous te verrons au temple de mémoire
Partager leurs lauriers.

Braves Français, la voix de Mars
Vous rappelle à vos étendards.
Ah ! viens, *Jean Debry*, sur leur cendre
(Leur cendre inanimée et digne de nos pleurs !)
A pleine main, viens avec nous répandre
Des cyprès et des fleurs !

VENGEANCE!

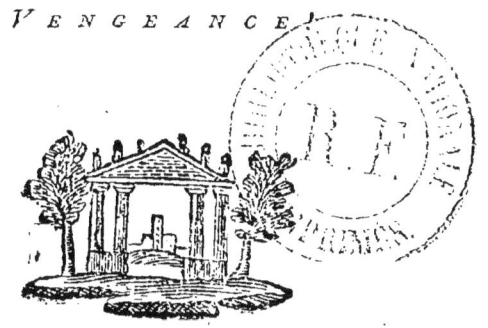

A DOUAI,
De l'Imprimerie du citoyen GAUTIER, rue des ci-devant
Carmes-déchaussés, N.° 567.

www.ingramcontent.com/pod-product-compliance
Lightning Source LLC
Chambersburg PA
CBHW071438060426
42450CB00009BA/2236